LES

ÉTATS D'ARTOIS

ET LA

Joyeuse entrée de Philippe, prince d'Espagne

A SAINT-OMER & A ARRAS

Par M. C. HIRSCHAUER

ÉLÈVE DE L'ÉCOLE DES CHARTES

Membre honoraire de la Société des Antiquaires de la Morinie.

SAINT-OMER
IMPRIMERIE H. D'HOMONT
14, rue des Clouteries, 14

1908

LES
ÉTATS D'ARTOIS

ET LA

Joyeuse entrée de Philippe, prince d'Espagne

A SAINT-OMER & A ARRAS

Par M. C. HIRSCHAUER

ÉLÈVE DE L'ÉCOLE DES CHARTES

Membre honoraire de la Société des Antiquaires de la Morinie.

SAINT-OMER
IMPRIMERIE H. D'HOMONT
14, rue des Clouteries, 14

1908

Extrait de la 228e livraison du *Bulletin historique* de la Société des Antiquaires de la Morinie.

LES ÉTATS D'ARTOIS

ET LA

JOYEUSE ENTRÉE DE PHILIPPE, PRINCE D'ESPAGNE
A SAINT-OMER & A ARRAS

---

1. Accord par les Etats d'Artois d'un don de joyeuse entrée de 30.000 livres. — II. Dissentiments entre les villes au sujet de la levée du don gratuit. — III. Levée du don gratuit. — IV. Préliminaires de l'entrée du prince en Artois. — V. Tenue des Etats à Saint-Omer. — VI. Tenue des Etats à Arras pour la prestation du serment général.

I

Le 26 octobre 1548, Charles-Quint annonçait aux Etats Généraux assemblés à Bruxelles que pour bien prouver sa sollicitude à l'égard des Pays-Bas, et les remercier de leur dévouement pendant la guerre d'Allemagne, il avait fait venir son fils « par deça » et que le prince était en route [1].

Quatre mois plus tard environ, l'Empereur décidait de faire recevoir Philippe, « prince des Espaignes », comme futur comte d'Artois : le 7 mars 1549, le corps échevinal de Saint-Omer, sur lettres closes de convo-

---

1. Arch. comm. de Béthune. *Mémoriaux du Magistrat*; reg. BB 8, f° 68.

cation adressées au nom de la Régente par le comte du Rœulx[1], députait le conseiller Sébastien Hannedouche et Jean Lefèvre, échevin, pour se rendre le 10 mars aux Etats d'Artois à Arras et « adviser les « moyens de trouver deniers pour furnir a la de- « mande et accord que se fera en don et present a « monseigneur le conte *(sic)* d'Espaigne »[2].

Le dimanche 10 mars, les trois Etats d'Artois réunis à Saint-Vaast d'Arras, consentirent unanimement un don gratuit de 30.000 livres ; mais il y eut désaccord sur les moyens de lever cette somme :[3]

Le Tiers proposa d'abord d'établir un impôt foncier frappant chaque mencaudée de terre d'un droit de douze deniers, payables moitié par le propriétaire, moitié par le locataire ou fermier et de lever en outre le dixième denier du revenu « des maisons « des bonnes villes et faulxbours desd. villes d'Ar- « tois »[4].

Les deux premiers ordres refusèrent d'être assujettis à cet impôt ; le Tiers proposa donc de nouvelles taxes : trois deniers « ou, pour abbreviation « du furnissement d'icelle somme.... quatre ou six

---

1. Ce mode de convocation n'était pas tout à fait régulier : l'usage voulait que tous les membres des Etats (prélats, nobles, chapitres, villes) fussent convoqués individuellement par lettres closes du souverain.

2. Arch. comm. de S.t Omer. *Reg. de délibérations du Magistrat coté II, f.o 62.*

3. Outre le rapport des députés de Saint-Omer (17 mars ; *Reg. II, f.o 62*) et celui du délégué de Béthune, Christophe de Pronville (15 mars ; Arch. comm. de Béthune, *Reg. BB 8, f.o 92*), nous avons aux Archives communales d'Arras, dans le *Reg. Mémorial coté XIV (1545-1576)*, la copie des actes du Clergé et de la Noblesse (*f.o 110 v°*) et du Tiers (*f.o 108 v°*).

4. Acte du Tiers, *loc. cit.*

« deniers sur chascun lot de vin indifferament,
« sans exempter aucuns dud. impost »[1] et un denier
sur le lot de bière double ou étrangère.

Le clergé et la noblesse refusèrent à nouveau leur
consentement aux ouvertures du Tiers : selon eux, les
trente mille livres devaient être fournies par trois demi-
aides à lever en trois ans « sans grace, quictance
« ou moderation »[1] et par une taxe sur les boissons
vendues en Artois (trois deniers sur le lot de vin et un
denier sur le lot de bière étrangère vendue au détail)[2].

Les députés des villes protestèrent contre ces propositions : il ne s'agissait point ici d'une aide accor-
dée comme à l'ordinaire « pour les affaires et neces-
« sitez urgentes de leur prinche ou du pays »[1], mais
d'un « don liberal et present gratuyt dont chascun
« des membres desd. estatz se doibvent resentir egal-
« lement »[1]. Le Tiers, chargé de l'aide ordinaire et
de cinq aides extraordinaires ne devait point être
soumis tout seul à ce nouvel impôt, comme il advien-
drait si le concept des ordres privilégiés était adopté,
« actendu qu'ilz polroient par ce moien faire toutes
« leurs provisions et achaptz de vins en France,
« sans les acheter oud. pays d'Artois »[1]. Les villes
se virent donc contraintes de faire leur accord à
part ; néanmoins, comme preuve de leur bon vou-
loir, elles acceptèrent de lever le tiers du don gratuit
sur les vins et bières vendus en Artois, selon la prétention des deux premiers ordres.

---

1. Acte du Tiers, *loc. cit.*
2. A l'ordinaire, les deux premiers ordres étaient plus accommo-
dants et se soumettaient volontiers aux mêmes impôts indirects que
les villes ; mais pour ne pas laisser périmer leurs privilèges, ils re-
poussaient parfois les propositions du Tiers et ne consentaient à voter
que des taxes dont il leur fût aisé de s'exempter.

II

Le comte du Rœulx donna aux villes un délai de quinze jours pour délibérer et prendre une nouvelle décision[1].

Le 17 mars, les députés de Saint-Omer, Sébastien Hannedouche et Jean Lefèvre firent leur rapport devant les échevins des deux années et les jurés du commun et déposèrent « au bureau » une copie authentique de la décision des Etats ; le corps échevinal, « le tout consideré, meismes que monseigneur « le conte du Rœulx a promis a part de recompenser « ceste d^te ville »[2], résolut de se ranger à l'avis « des... prelatz et nobles ».

Le 20 mars, les notables de Béthune réunis par l'échevinage décidèrent « de eulx rigler sur le faict « de la collecte desd. trente mil flourins selon la « plus saine partie des villes de ce pays d'Arthois et « pour ce faire et adfin d'estre unis, escripre lettres « a ceulx de St Omer et Aire pour sçavoir leur intention et advis »[3].

Saint-Omer amena Béthune à son avis et le 26 mars, à l'expiration du délai accordé par le gouverneur d'Artois, cette double défection était annoncée aux bourgeois d'Arras qui, néanmoins, restant fidèles à leur premier sentiment, décidèrent de remontrer au comte du Rœulx et, s'il le fallait, à la

---

1. Rapport de Christophe de Pronville, échevin de Béthune (15 mars), *loc. cit.*
2. Rapport des députés de Saint-Omer, *loc. cit.*
3. Arch. comm. de Béthune, *Reg. Mémor. BB 8, f° 93.*

Régente ou à l'Empereur que les revenus du clergé et de la noblesse formaient au moins « les trois pars « de tout le revenu dud. païs d'Artois » et que les impôts et les aides épargnaient les biens d'église pour tomber seulement sur le Tiers [1].

Le 10 avril [2], puis le 29, la bourgeoisie d'Arras maintint sa décision ; à cette dernière assemblée, il fut résolu d'écrire aux villes d'Aire, Lens et Bapaume pour connaître leurs intentions [3]. Aire répondit qu'elle se ralliait à l'avis de Saint-Omer et de Béthune ; quant à Lens et Bapaume, elles restaient fidèles à la cause du Tiers. Réunis le 8 mai, les notables d'Arras, en dépit de la défection d'Aire, affirmèrent leur volonté de mener la lutte jusqu'au bout, quand bien même leurs deux derniers alliés les abandonneraient [4].

Mais cette résolution fut sans effet : quelques jours après, l'intervention du souverain vint mettre fin à toute résistance :

Dès le 30 avril, Charles-Quint avait donné cause presque gagnée au clergé et à la noblesse, en acceptant par lettres patentes leur accord fait le 10 mars [5]. Mais, ce fut le 22 mai que la Régente repoussa sans appel la requête présentée par Arras, Lens et Bapaume : la majorité des Etats étant d'accord, il fallait que la minorité se soumît, d'autant que l'entrée du prince en Artois était proche et qu'il fallait au plus vite lever le don gratuit [6].

---

1. Arch. comm. d'Arras, *Reg. Mémor.* coté XIV, f° *112* v°.
2. Ibid., f° *114*.
3. Ibid., f° *115*.
4. Ibid., f° *115* v°.
5. A (original) *perdu*. — B (copie) Ibid., f° *119*.
6. L'original de ces lettres closes est aux Arch. comm. d'Arras,

En conséquence, le 29 mai, le Magistrat d'Arras, pour « complaire a Lad. Majesté » se conforma, sans préjudice pour l'avenir, « a l'acord desd. prelatz, gens d'eglise et nobles »[1].

III

La longue résistance d'Arras avait fort retardé la levée des 30.000 livres ; le 17 avril, Saint-Omer, requise au nom du comte du Rœulx par le bailli général de Saint-Bertin de trouver de l'argent « pour furnir aud. « present » avait répondu que, tout en persistant « en l'accord une foys...... faict », elle ne payerait rien, vu qu'il n'y avait encore « acceptation d'accord, ny « assiette faicte »[2].

Ce fut seulement le 1er juin, — trois jours après la soumission d'Arras — que le comte du Rœulx répartit entre les villes les trente mille livres ; chaque échevinage devait lever à rente son contingent sur les bourgeois et au besoin les contraindre par voie de justice ; le remboursement du capital et les intérêts étaient garantis par les produits des impôts établis par les Etats (aides et taxes sur les boissons)[3].

Le 13 juin, à la suite de ce mandement du gouver-

---

sér. AA. Publié : [Guesnon]. Invent. chronol. des Chartes... d'Arras, n° CCCXII, p. 393.

1. Arch. comm. d'Arras, Reg. Mémor. coté XIV, f° 117.
2. Arch. comm. de St Omer, Reg. de délibérations du Magistrat coté H, f° 63.
3. A (original), perdu. — B (copie) Arch. comm. d'Arras, Reg. Mémor. coté XIV, f° 121 v°. Les 30.000 l. étaient ainsi réparties : ville d'Arras, 11.280 l. ; cité d'Arras, 1.680 l. ; St Omer 10.080 l. ; Béthune, 2.880 l. ; Aire, 2.400 l ; Lens, 1.200 l. ; Bapaume, 480 l.

neur, le corps échevinal de Saint-Omer envoyait Nicolas Slinghe et Jean Delenef « a l'abbeye de S¹ Bertin, « S¹ Omer, monseigneur de S¹ Jehan et aultres per- « sones qu'ilz poeuvent avoir argent pour furnir aud. « contingent et dont ilz feront rapport par escript « pour demeurer hors d'icelle ville »[1].

Le 18 juin, sur une lettre envoyée le 15 par les députés généraux[2], le Magistrat n'ayant pas réussi à « recouvrer deniers en rente » envoya Nicolas Slinghe à Arras pour « prendre et lever lesdis deniers aux « finances »[3].

A Béthune, les trois ordres de la ville, réunis le 19 juin seulement décidèrent[4] de répartir à l'amiable entre les bourgeois le contingent de rentes fixé par le comte du Rœulx[5]; le receveur en fut l'échevin Christophe de Pronville qui prêta serment le 2 juillet[6].

IV

D'inutiles démêlés entre les ordres et entre les villes d'Artois, d'une part, des difficultés financières d'autre, avaient donc retardé la levée du don gratuit accordé près de quatre mois auparavant et pourtant

1. Arch. comm. de S¹ Omer, *Reg. de délibérations du Magistrat* coté H, f° 64 v°.
2. Pour le Tiers, le député, élu le 6 juin, était Jean Bertoul l'aîné, argentier d'Arras (Arch. comm. d'Arras, *Reg. Mémor.* coté XIV, f° 122 v°).
3. C'est-à-dire de les emprunter; ce moyen était beaucoup plus onéreux que l'émission de rentes. — Arch. comm. de S¹ Omer, *Reg. de délibérations du Magistrat* coté H, f° 65.
4. Arch. comm. de Béthune, *Reg. Mémor.* BB 8, f° 96.
5. *v. sup., p. 6, n. 3.*
6. Arch. comm. de Béthune, *Reg. cit.*, f° 99 v°.

l'entrée en Artois de Philippe était proche : Le 7 juillet, partaient d'Arras pour Gand le mayeur Jean de Loueuzes et Jean de Markais, seigneur de Villers, échevin, délégués d'Arras, Lens et Bapaume ; la députation d'Artois comprenait en outre : pour le Tiers, deux échevins de Saint-Omer[1] ; pour l'Eglise, les abbés de Saint-Vaast et du Mont-Saint-Eloi et le prévôt du chapitre d'Arras, Jean de Roza ; et pour la noblesse, les seigneurs de Vaulx, d'Olhain et de Marles[2].

Le mardi 16 juillet, les députés d'Artois à Gand[3], furent introduits auprès de Charles-Quint, entre cinq et six heures du soir, Jean de Roza, parlant au nom des Etats, pria le souverain de visiter l'Artois comme il avait fait du Brabant et de la Flandre et de « y « volloir amener le susd. s^r prince »[4]. Cette demande fut agréée ; puis l'Empereur fit lire et remettre aux députés une importante « proposition »[5] sur quoi les

1. Nous n'avons pu retrouver leurs noms qui ne sont signalés ni dans la relation officielle extraite du *Reg. de délibérations coté H, f° 68*, aux Arch. comm. de St Omer et publiée par M. Louis DESCHAMPS DE PAS (*Bull. de la Soc. des Antiquaires de la Morinie*, T. II, p. 605), ni dans celle dont nous donnons plus loin quelques fragments et qui se trouve aux Arch. comm. d'Arras, *Reg. Mémor. coté XIV, f° 125 sqq.* Enfin les comptes de l'argentier de Saint-Omer sont perdus pour cette époque.

2. Arch. comm. d'Arras, *reg. cit., f° 125*.

3. Philippe y avait fait son entrée le 14 et l'Empereur le 15 juillet, *ibid., f° 125 v°-126*.

4. Afin d'éviter d'inutiles références, nous tenons le lecteur pour averti que, sauf indications contraires, nous citons ou suivons toujours dans la fin de cet article la relation de l'échevinage d'Arras mentionnée ci-dessus (Arch. comm. d'Arras, *Reg. Mémor. cit., f° 125 sqq.*).

5. La « proposition » ou « proposé » était le discours par où (après un exposé de motifs souvent fort intéressant) le souverain des Pays-Bas exprimait sa volonté aux Etats généraux ou provinciaux.

Etats d'Artois devaient conclure à Saint-Omer le 31 juillet : Le voyage de Philippe aux Pays-Bas, malgré la mer mauvaise et l'utilité de la présence du prince en Espagne était une nouvelle preuve de la bienveillance impériale ; une autre marque en était le projet que formait l'Empereur de transmettre à son fils en un seul corps tous ses pays héréditaires et ce dessein serait à l'Artois d'un tel bénéfice que les Etats ne manqueraient certes point d'y consentir ; mais, pour être profitable, la mesure ne devait être ni temporaire, ni limitée et il fallait qu'une règle uniforme pour toutes les provinces s'appliquât en matière d'héritage aux familles souveraines des Pays-Bas. L'Empereur délibérait donc de faire approuver par les Etats d'Artois une Pragmatique Sanction établissant, en dépit de la coutume, que, pour la succession du comté, « representation » aurait « lieu en lingne directe et collateralle ». D'ailleurs, la principale intéressée, Marie de Bohême, fille aînée de Charles-Quint, renonçait à tous ses droits en faveur de son frère ; en outre, les coutumes d'Artois ne subiraient aucun préjudice et continueraient de s'appliquer intégralement aux particuliers [1].

V

Le prince et l'Empereur firent seulement leur entrée [2] à Saint-Omer le 31 juillet vers 8 heures du

---

1. Le texte de la proposition impériale que nous venons d'analyser se trouve aux Arch. comm. de Béthune, *Reg. Mémor.* BB 8, f° 165.
2. Nous n'avons point à la décrire ici ; ce travail a été fait à plusieurs reprises d'après des sources différentes et avec un intérêt tou-

soir et la séance des Etats dut être remise au lendemain.

Le jeudi 1er août, entre 7 et 8 heures du matin, eut lieu une réunion préliminaire au logis du comte du Rœulx; celui-ci commença par demander aux Etats « se ilz avoient faict apporter les trente mil florins... « pour illecq en faire present a mond. sr prince » et montra quelque dépit de leur réponse négative.

Le gouverneur communiqua ensuite une requête du Magistrat de Saint-Omer tendant à choisir cette ville pour y faire le serment général, vu qu'elle était « la plus anchienne et chief ville d'Artois ». Les députés d'Arras[1] protestèrent que cette prétention n'était nullement fondée : avertis, ils « fussent venus « garnis de bons titles et enseignemens » prouvant que la qualité de capitale d'Artois n'appartenait qu'à Arras ; d'ailleurs, ils comptaient que le comte du Rœulx ne permettrait aucune atteinte à leurs privilèges sans en référer à l'Empereur. Le comte refusant

---

jours croissant : M. A. HERMAND fit d'abord le récit de la « Joyeuse entrée de Philippe d'Espagne dans la ville de St Omer » (*Puits Artésien*, ann. 1839, p. 365), « commentaire des manuscrits de Deneufville et d'Hendricq » (M. J. DE PAS). Une vingtaine d'années plus tard, M. L. DESCHAMPS DE PAS publiait un texte déjà signalé (*v. p. 8 n. 1*). Enfin, tout récemment, dans un travail d'une très riche documentation sur les : « *Entrées et réceptions de souverains et gouverneurs d'Artois à St-Omer* » (*Bull. de la Soc. des Antiquaires de la Morinie*, T. XII, p. 115 sqq ; ou : tirage à part sous le même titre publié à Saint-Omer, chez D'Homont, en 1908, p. 99 sqq) M. J. DE PAS a su nous donner sur le même sujet un texte encore inédit et fort curieux, extrait des reg. capitulaires [Arch. dép. du Pas-de-Calais ; dépôt annexe de Saint-Omer (fonds du Chapitre de Saint-Omer) *Reg. coté E, f° 142*].

1. C'étaient le mayeur Jean de Loueuzes, Jean de Markais, seigneur de Villers, et Antoine Dervillers, licencié ès lois, échevins (Arch. comm. d'Arras, *Reg. cit.*, f° *159*).

de se prononcer[1], Jean de Louenzes et ses deux confrères eurent recours à Granvelle et lui exposèrent qu'ils avaient seulement charge d'approuver les propositions faites à Gand, non de « illecq recepvoir le « serment dud. s^r prince, ensamble de lui faire ser« ment ». Les délégués d'Aire, Béthune[2], Lens et Bapaume n'ayant pas de pouvoirs plus étendus, l'évêque jugea suffisamment fondée la réclamation d'Arras.

« Peu de tamps apres », les Etats se réunirent dans la grande salle de Saint-Bertin ; seuls, les députés de Saint-Omer étaient absents. Le comte du Rœulx et Granvelle, sur nouvelles remontrances du mayeur d'Arras, allèrent consulter l'Empereur et rapportèrent sa volonté de faire à Arras le serment général ; puis, il fut décidé, avec le consentement, toutefois, des députés d'Arras, que le serment particulier pourrait être prêté à Saint-Omer « par avant avoir faict le « general ».

Cette difficulté réglée, lecture fut donnée des propositions faites à Gand le 16 juillet aux représentants des Etats[3]. Puis Granvelle demanda à chacun des

---

1. « A quoy led. s^r feyt responce qu'il ne se volloit mesler ny pour « l'un, ny pour l'autre et qu'ilz advisissent de faire le mieulx qu'ilz « pooient ou de eulx accorder ensamble » (Arch. comm. d'Arras, *Reg. cit., f° 127 v°*).

2. L'échevinage de Béthune avait, le 28 juillet, député aux Etats son procureur, Jean Hannedouche « pour sçavoir ce que de la part de « Sad. Majesté sera proposé, pour en faire le rapport » (Arch. comm. de Béthune, *Reg. Mémor. BB 8, f° 164 v°*).

3. Cf : Arch. comm. de Béthune, *Reg. Mémor. BB 8, f° 166 v°* (« ... auroient les depputez desd. estatz aians esté vers Lad. Majesté « en la ville de Gand faict rapport et lecture de l'exposition quy leur « auroit esté faicte... ») et relation de l'échevinage de St Omer, publiée par M. L. Deschamps de Pas (*v. sup., p. 8, n. 1*). p. 608.

ordres s'il était prêt à donner sa réponse. Le clergé et la noblesse déclarèrent n'avoir pas encore « communiqué » ; les députés d'Arras, Aire, Béthune, Lens et Bapaume, ayant déjà délibéré, agréèrent les propositions impériales. « Lors, entrerent ceulx de
« lad. ville de Saint-Omer en lad. salle, ou le conseil-
« lier de lad. ville de St Omer, adressant ses parolles
« au maieur d'Arras luy dit : qu'ilz estoient advertis
« qu'il avoit declairié sans parler a eulx que les villes
« avoient faict l'accord tel que dessus ; a quoy led.
« maieur respondit que led. accord n'avoit esté faict
« que pour les villes cy devant nommées ; aussy que
« ceulx de St Omer n'avoient faict leur debvoir de le
« convocquier pour communicquier, combien que
« des le jour precedent, il avoit adverty led. conseiller,
« maieur de Sainct Omer et Jehan Lefebvre, esche-
« vin de lad. ville de la cherge que lesd. d'Arras
« avoient ; .... et, sur ce que led. conseillier de la
« ville de St Omer declaira qu'ilz avoient envoié
« aucuns de leurs sergans pour convocquier les
« autres villes avec eulx, fut respondu que des envi-
« ron cincq heures du matin, ilz estoient allans et
« venans de l'eglise Sainct Omer à St Bertin (meismes
« estoient ainsy allans et venans plus de deux cens
« personnes), par quoy estoient bons a trouver ; et
« lors, led. s^r du Rœux increpa ceulx de St Omer de
« ce qu'ilz n'avoient evocquié les depputez des autres
« villes d'Artois pour par ensamble communicquier
« lad. proposition ».

Ces dissensions, d'ailleurs, s'apaisèrent : le Tiers se retira pour délibérer, ainsi que les autres ordres ; et vers quatre heures du soir, s'étant mis d'accord, les Etats se trouvèrent de nouveau réunis[1], comme

---

1. « Tandem, convenientes in unam sentenciam hora quarta post

gage de la réconciliation, ce fut le conseiller de Saint-Omer, Sébastien Hannedouche, qui fut chargé de prendre la parole pour agréer au nom des Etats le projet de Pragmatique Sanction et promettre de recevoir le prince comme futur comte d'Artois [1].

Le président du conseil suprême, M. de Saint-Maurice, remercia les Etats au nom de Charles-Quint et les convoqua « pour recepvoir et prester le serment « general » [2] le 10 août, en la ville d'Arras.

Puis, l'Empereur s'étant retiré, les Etats, après une courte suspension de séance, se réunirent de nouveau, en présence, cette fois, du prince d'Espagne [3]; toujours par l'organe de Sébastien Hannedouche, le don gratuit de trente mille livres fut offert à Philippe pour sa joyeuse entrée en Artois : que si le présent était modeste, il fallait en attribuer l'insuffisance à « l'exiguïté du païs » [4]. « Ce discours tenu, le prince « remercia les Etats et voulut bien agréer ce don ; « puis, tout le monde se dispersa » [5].

« meridiem aut circiter, comparuerunt omnes dicti status coram « camdem Cesaream Maiestatem in inferiori aula sue domus in dicto « monasterio » [Relation du reg. capitul., publiée par M. J. DE PAS (v. sup., p. 9, n. 2) p. 117 du Bull.]

1. Le texte de la réponse des Etats lue par Sébastien Hannedouche a été publié dans le travail précédemment cité ; il se trouve aussi inséré avec quelques variantes sans importance dans le rapport fait le 2 août à ses commettants par Jean Hannedouche, procureur de Béthune (Arch. comm. de Béthune, *Reg. Mémor. BB 8, f° 166 v°*).

2. Cf. Relation de l'échevinage de St Omer, publiée par M. L. DESCHAMPS DE PAS (v. sup., p. 9, n. 2), p. 608.

3. « Quibus factis, egressi sunt status ex dicta aula, ac paulopost « regressi in eamdem, ubi aderat ipse princeps » [Relation du reg. capitul. publ. par M. J. DE PAS (v. sup., p. 9, n. 2), p. 117-118 du Bull.]

4. Pour le texte de l'allocution de S. Hannedouche, nous renvoyons le lecteur aux références données ci-dessus, n. 1.

5. « Quo dicto, eisdem gratias egit, grate huiusmodi donum accep-

VI

Les Etats, convoqués à Arras pour le 10 août, ne se réunirent que le dimanche 11, le prince étant seulement arrivé de Lille le samedi soir à six heures.[1].

Le Tiers tint à Saint-Vaast une séance préparatoire où fut soumis à son approbation le texte des serments réciproques[2]; les députés des trois ordres se rendirent ensuite sur le Grand Marché[3] d'Arras où « cer- « tain teatre.... richement tapissé et paré de dosseret « de drap d'or frizé »[4] était dressé pour eux.

Le prince qui avait entendu la messe à la cathédrale descendit de cheval devant cette estrade où il monta, suivi d'une escorte nombreuse[5]. Tête nue, il jura en

« tans, et quisque reversus est ad sua » [Relation du reg. capitul. publ. par M. J. DE PAS (*v. sup.*, *p. 9, n. 2*), p. 118 du Bull.] — En fait, Philippe ne remercia point lui-même, comme ce texte pourrait le faire croire : ignorant de la langue française, il prit comme interprète M. de St Maurice : « lequel s^r prince, par la bouche de mons^r « de Saint Mauris, fit responce... *etc.* » [Relation de l'échevinage d'Arras (Arch. comm. d'Arras, *Reg. Mémor.* coté *XIV*, *f° 129 v°*)].

1. Décrire cette entrée serait ici hors de propos ; mais les détails que nous donne sur ce sujet la relation de l'échevinage d'Arras plus haut citée fourniraient matière à une fort intéressante étude.

2. Arch. comm. de Béthune, *Reg. Mémor. BB 8, f° 171* (Rapport des députés de Béthune : Antoine du Petit Cambrai, Jean de Wignacourt et Jean Hannedouche).

3. Aujourd'hui : Grand Place.

4. Arch. comm. d'Arras, *Reg. Mémor.* coté *XIV, f° 135 v°*.

5. « ... led. s^r prince... monta sur led. teatre avec pluisieurs desd. « nobles dont il estoit assistés (*sic*), signamment dud. s^r conte du « Rœux, lesd. s^{rs} d'Arras, St Mauris..., et y avoit sur led. téatre ung « gentilhomme espaignol portant l'espée nue, avec deux machies et « deux heraulx. » (Arch. comm. d'Arras, *Reg. cit., f° 135 v° et 136*).

latin sur « la remembranche du crucefix »¹ et « le
« livre des sermens »² de l'échevinage de maintenir
les droits et privilèges du comté d'Artois et de prendre la défense des veuves et des orphelins³ ; puis,
baisa la croix que Granvelle lui présentait.

Enfin, le conseiller d'Arras, Charles du Mont-
Saint-Eloi donna lecture du serment de fidélité des
Etats³ auquel le peuple s'associa par le cri de :
« Vive Bourgogne ! » « Sy furent sonnées pluisieurs
« trompettes et clarrons et pareillement grant nom-
« bre d'artillerie estant sur la muraille vers S¹ Mi-
« chiel, et jecté par lesd. heraux pluisieurs pieches
« d'or et d'argent de la forge et coing dud. sʳ le
« prince et retourna led. sʳ prince, qui estoit vestu
« de robbe et saie de velours cramoisy violet brodé
« d'or, disner aud. S¹ Vaast »³.

C. HIRSCHAUER.

Saint-Omer - Arras. — Avril 1908.

---

1. Arch. comm. d'Arras, *Reg. Mémor. coté XIV, f° 136*.
2. Le texte des sermens de Philippe et des Etats a été reproduit
1°, dans la relation de l'échevinage de S¹ Omer publiée par M. DES-
CHAMPS DE PAS (*v. sup., p. 9, n. 2*), p. 610 — 2°, dans celle de l'échevinage d'Arras (Arch. comm. d'Arras, *Reg. Mémor. coté XIV, f° 136*)
— 3°, dans celle de l'échevinage de Béthune (Arch. comm. de Béthune, *Reg. Mémor. BB 8, f° 171 r°-v°*) — 4°, dans le procès-verbal
officiel des serments réciproques dressé sur l'ordre du prince à la
demande des Etats d'Artois [A (original sur parchemin), Arch. dép.
du Nord (fonds de la Chambre des Comptes) *carton B 944, pièce
n° 17.330* — B (copie). Bibl. Royale de Belgique, *ms. 16.438 (n° 4.957
du Catalogue VAN DEN GHEYN), f° 78 v°-79*.]. Ces différentes versions
ne présentent point de variantes notables.
3. Arch. comm. d'Arras, *Reg. Mémor. coté XIV, f° 136*.

www.ingramcontent.com/pod-product-compliance
Lightning Source LLC
Chambersburg PA
CBHW060456050426
42451CB00014B/3345